놓지 마 과학!

놓지 마 정신줄! 학습 만화

놓지 마 과학! 11
정신이 코딩에 정신 놓다 1

초판 1쇄 발행 2019년 7월 26일
초판 23쇄 발행 2025년 8월 27일

글, 그림 신태훈, 나승훈
펴낸이 최순영

교양 학습 팀장 김솔미 **편집** 김지혜
편집기획 오세경
키즈 디자인 팀장 이수현 **디자인** 여는

펴낸곳 (주)위즈덤하우스 **출판등록** 2000년 5월 23일 제13-1071호
주소 서울특별시 마포구 양화로 19 합정오피스빌딩 17층
전화 02) 2179-5600
홈페이지 www.wisdomhouse.co.kr **전자우편** kids@wisdomhouse.co.kr

글, 그림 ⓒ 신태훈, 나승훈 2019

ISBN 979-11-90182-73-7

* 인쇄·제작 및 유통상의 파본 도서는 구입하신 서점에서 바꿔드립니다.
* 이 책의 전부 또는 일부 내용을 재사용하려면
  사전에 저작권자와 (주)위즈덤하우스의 동의를 받아야 합니다.
* 사진 출처
  42면, 43면, 64면, 65면, 112면, 113면(탐사용 로봇, 가정용 로봇, 아시모), 176면, 177면 셔터스톡
  113면(휴보) 카이스트 휴보랩
* 이 책의 사용 연령은 8~13세입니다.

교과 연계표

<놓지 마 과학!> 11권에 담겨진 질문들이 교과서의 어느 부분과 연관됐는지 보여 주는 교과 연계표예요! 정신이네 가족과 함께 과학의 세계에 빠져 보아요!

★ 초등학교 과학 3학년 1학기

내용	단원명	단원 주제	쪽
거미줄이 강철보다 강하다고?	2. 동물의 생활	동물의 특징을 이용한 생활 용품	54
선인장의 가시가 원래 잎이었다고?	3. 식물의 생활	식물의 사는 곳에 따른 특징	36
티라노사우루스와 트리케라톱스가 싸우면 누가 이길까?	4. 생물의 한살이	여러 가지 동물의 한살이	72
같은 공룡을 잡아먹는 공룡도 있다고?	4. 생물의 한살이	여러 가지 동물의 한살이	162
식물에게 음악을 들려주면 더 잘 자랄까?	4. 생물의 한살이	식물이 자라는 데 필요한 조건	30

★ 초등학교 과학 3학년 2학기

내용	단원명	단원 주제	쪽
녹음한 목소리는 왜 다르게 들릴까?	3. 소리의 성질	소리의 세기와 높낮이	18

★ 초등학교 과학 4학년 2학기

내용	단원명	단원 주제	쪽
풍선이 저절로 부풀어 오른다고?	3. 여러 가지 기체	온도와 압력에 따른 기체의 부피	10
냉장고에 넣어 둔 페트병이 찌그러지는 이유는?	3. 여러 가지 기체	온도와 압력에 따른 기체의 부피	44
왜 여름철에는 자동차 타이어에 공기를 적게 넣을까?	3. 여러 가지 기체	온도와 압력에 따른 기체의 부피	66

★ 초등학교 과학 6학년 2학기

내용	단원명	단원 주제	쪽
오줌을 누면 왜 몸이 떨리는 걸까?	4. 우리 몸의 구조와 기능	우리 몸속 기관의 생김새와 하는 일	50

★ 초등학교 실과 6학년

내용	단원명	단원 주제	쪽
로봇이란 무엇일까?	발명과 로봇	로봇의 작동 원리	86
로봇은 어떻게 움직이는 것일까?	발명과 로봇	로봇의 작동 원리	92
로봇이 수술을 한다고?	발명과 로봇	로봇의 활용	102
하드웨어란 무엇일까?	소프트웨어와 프로그래밍	소프트웨어의 이해	114
소프트웨어란 무엇일까?	소프트웨어와 프로그래밍	소프트웨어의 이해	120
코딩이란 무엇일까?	소프트웨어와 프로그래밍	기초 프로그래밍	128
컴퓨터는 어떤 언어를 사용할까?	소프트웨어와 프로그래밍	기초 프로그래밍	136
이진법이란 무엇일까?	소프트웨어와 프로그래밍	기초 프로그래밍	148

차례

교과 연계표 ··· 4

1 주리의 생일 파티 준비 풍선이 저절로 부풀어 오른다고? ···················· 10

2 할아버지 오셨어요? 녹음한 목소리는 왜 다르게 들릴까? ················ 18

3 랩도 소용이 없어! 식물에게 음악을 들려주면 더 잘 자랄까? ············ 30

4 주리의 취미 생활 선인장의 가시가 원래 잎이었다고? ·················· 36

　　놓지 마 과학 원리!　식물의 적응 ·· 42

5 공기를 샀다고? 냉장고에 넣어 둔 페트병이 찌그러지는 이유는? ········· 44

6 큰아빠는 오줌싸개! 오줌을 누면 왜 몸이 떨리는 걸까? ···················· 50

7 집에 가고 싶어! 거미줄이 강철보다 강하다고? ··························· 54

8 전망대의 거울 귀신 거울에 물체가 비춰 보이는 이유는? ················· 60

　　놓지 마 과학 원리!　볼록 거울과 오목 거울 ·· 64

9 바다로 가자! 왜 여름철에는 자동차 타이어에 공기를 적게 넣을까? ················· 66

10 나도 챔피언이 될 거야! 티라노사우루스와 트리케라톱스가 싸우면 누가 이길까? ··· 72

11 **로봇이나 고쳐 줘!** 로봇이란 무엇일까? ·············· 86

12 **부품이 필요해!** 로봇은 어떻게 움직이는 것일까? ·············· 92

13 **제대로 좀 해 봐!** 로봇이 수술을 한다고? ·············· 102

놓치 마 과학 원리! 여러 가지 로봇 ·············· 112

14 **정구의 로봇 공룡** 하드웨어란 무엇일까? ·············· 114

15 **데이노니쿠스, 잠에서 깨어나라!** 소프트웨어란 무엇일까? ·············· 120

16 **맛집 좀 찾아 줘!** 코딩이란 무엇일까? ·············· 128

17 **내 로봇 공룡 무시하지 마!** 컴퓨터는 어떤 언어를 사용할까? ·············· 136

18 **데이노니쿠스, 위기를 돌파하라!** 이진법이란 무엇일까? ·············· 148

19 **복병 코엘로피시스의 등장** 같은 공룡을 잡아먹는 공룡도 있다고? ·············· 162

놓치 마 과학 원리! 여러 가지 독특한 공룡들 ·············· 176

* 실과 교과에 포함된 코딩과 로봇에 관련된 질문들도 들어 있어요.

 # 주리의 생일 파티 준비

풍선이 저절로 부풀어 오른다고?

정신이가 알려 주는 과학 상식

온도가 올라가면 늘어나는 공기의 부피

공기의 부피 팽창을 이용하면 입을 대지 않고도 풍선을 불 수 있어. 빈 병을 얼음물이나 냉장고에 넣어 두었다가 꺼내서 병 입구에 풍선을 끼운 뒤 병을 뜨거운 물에 넣으면 풍선이 저절로 부풀어 올라. 왜 그럴까? 이건 온도에 따라 공기의 부피가 변하기 때문이야. 얼음물이나 냉장고에 있던 병 안의 공기는 부피가 줄어들어 있는 상태야. 병을 꺼내면 온도가 높아지면서 병 안의 공기 부피가 늘어나 밖으로 빠져나오지. 이때 병을 뜨거운 물에 담그면 온도가 빨리 올라가면서 병 안의 공기 부피가 더욱 늘어나. 그래서 병 안의 공기가 빠른 속도로 밖으로 나오면서 막아 놓은 풍선을 부풀게 만드는 거야.

할아버지 오셨어요?

녹음한 목소리는 왜 다르게 들릴까?

두 가지가 섞여서 다르게 들리는 목소리

녹음기에 녹음한 네 목소리를 들어 본 적이 있니? 아마 네가 생각하는 네 목소리와는 다를 거야. 왜 그럴까? 사람의 목소리는 성대의 진동으로 만들어져. 성대가 진동하면서 내는 소리가 입 밖으로 나와 공기를 통해 전달되는 거야. 그 소리가 다른 사람이 듣는 네 목소리야. 그런데 네가 듣는 네 목소리는 입에서 나와 공기를 통해 귀로 듣는 소리와 성대가 울리면서 몸속을 통해 고막으로 전달되는 소리가 섞인 거야. 그래서 네가 듣는 네 목소리와 다른 사람이 듣는 네 목소리가 다른 거지. 그러니까 녹음기를 통해 듣는 네 목소리가 다른 사람이 듣는 네 목소리인 거란다.

 # 랩도 소용이 없어!

식물에게 음악을 들려주면 더 잘 자랄까?

아이고, 이게 뭐야?!
오히려 더 잘 자라잖아!!

정신이가 알려 주는 과학 상식

음악을 들으면 더 잘 자라는 식물

농장에서 식물들에게 음악을 들려준다는 얘기를 들어 본 적이 있니? 사람뿐 아니라 동물이나 식물도 음악을 들으면 기분이 좋아져서 더 잘 자란다고 해. 실제로 실험해 본 결과, 식물들이 더 크고 맛있는 열매를 맺고 더 잘 자랐다고 하니 정말 신기한 일이야. 왜 그런 걸까? 그건 음악에서 나오는 음파가 식물에 영향을 미치기 때문이야. 사람과 마찬가지로 식물도 세포로 이루어져 있어. 음악을 들을 때 나오는 음파는 식물의 세포막을 흔들어 주어 세포의 운동을 증가시켜. 또한 잎 뒤에 있는 기공(숨구멍)을 열어 주어 광합성 작용도 더욱 활발하게 일어나고 영양분도 빠르게 흡수할 수 있지. 그런데 식물은 시끄러운 유행가보다 클래식 음악을 들으면 더 잘 자란다고 해.

주리의 취미 생활

선인장의 가시가 원래 잎이었다고?

정신이가 알려 주는 과학 상식

가시 모양으로 변한 선인장의 잎

집에서 키우는 선인장 가시에 찔린 적이 있을 거야. 선인장에는 날카로운 가시들이 많이 있지. 그런데 이 가시는 원래 선인장의 잎이었어. 사막과 같은 건조한 지역에 사는 식물들은 수분 손실을 최대한 막아야 살 수 있어. 그래서 선인장도 적은 양의 물을 가지고 오랜 기간 살아갈 수 있도록 환경에 적응한 거야. 덥고 물이 적은 사막에서 살아가는 선인장의 잎이 넓다면 수분이 빨리 증발해 버려서 살 수 없어. 따라서 수분 증발을 막기 위해 잎이 자꾸 작아지다가 결국 가시처럼 변한 거야. 하지만 모양이 비슷해도 장미나 찔레의 가시는 잎이 아니라 줄기의 일부가 자기 방어를 위해서 변한 거란다.

식물의 적응

선인장의 가시는 원래는 잎이었다고 했어. 사막 같은 건조한 곳에서 적은 양의 물을 가지고 오랜 기간 살아가기 위해 환경에 적응한 결과로 잎이 가시 모양으로 변했다고 했지.

그러면 식물들은 어떤 모습으로 환경에 적응할까? 먼저 잎의 적응을 살펴보자.

완두콩은 줄기가 흐느적거리고 약하기 때문에 똑바로 설 수 없어. 그래서 다른 것에 의지하기 위해 잎이 손처럼 변했어. 이를 덩굴손이라고 해. 완두콩은 덩굴손을 이용해 다른 물건이나 다른 식물의 줄기를 붙잡고 뻗어 올라가며 자라. 벌레잡이 식물인 끈끈이주걱이나 통발 등은 벌레를 잡기 위한 잎인 포충엽을 가지고 있어. 이 포충엽도 잎이 벌레를 잡기에 편하도록 변한 거야. 그 밖에 양파나 튤립과 같이 잎이 뿌리처럼 변한 것도 있어.

▲ 잎이 가시로 변한 선인장

▲ 사막에서 살아가기 위해 환경에 적응한 선인장

◀ 잎이 덩굴손으로 변한 완두콩

잎이 벌레를 잡기 ▶
위한 포충엽으로
변한 끈끈이주걱

▲ 줄기가 덩굴손으로 변한 오이

▲ 줄기가 덩굴손으로 변해 철사를 돌돌 말고 있는 포도나무

▲ 줄기가 가시로 변한 장미

▲ 줄기가 가시로 변한 찔레꽃

이번에는 줄기의 적응에 대해 알아보자.

줄기도 환경에 따라 모양과 쓰임새가 변해. 먼저 줄기가 덩굴손으로 변한 것들이 있어. 바로 우리가 많이 먹는 오이나 호박, 포도 등이 그런 식물이야. 이 식물들도 줄기가 약해 똑바로 서기 어려워서 줄기가 손처럼 생긴 덩굴손으로 바뀌었어. 그렇게 해서 주변의 물체나 다른 식물의 줄기에 덩굴손을 돌돌 감아서 자기 몸을 지탱하는 거야.

줄기가 가시로 변한 것도 있어. 장미나 찔레, 산사나무 등의 가시는 줄기가 변해서 가시가 된 거야. 이 식물들은 잎이나 줄기가 연하고 독도 없어. 특별히 자기를 지킬 수 있는 방어 수단이 없는 거지. 그래서 자기 몸을 보호하기 위해 줄기가 변해서 가시가 된 거야. 가시가 있으면 벌레가 줄기를 타고 올라오기도 어렵고 동물들이 마구 해치기도 어려울 테니까 말이야.

공기를 샀다고?

냉장고에 넣어 둔 페트병이 찌그러지는 이유는?

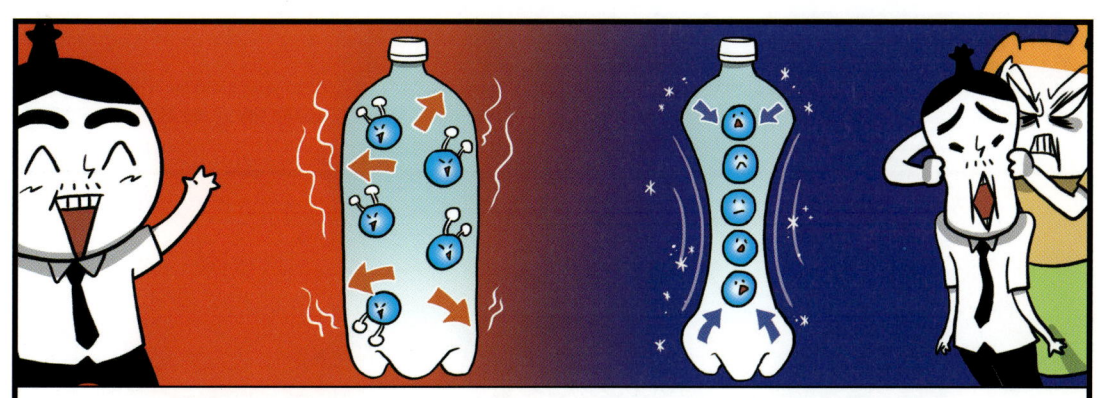

기체의 부피는 온도가 높으면 늘어나고 온도가 낮으면 줄어들어. 페트병 안에는 기체인 공기가 들어 있는데, 페트병이 밖에 있다가 냉장고 안으로 들어가면 공기의 부피가 줄어들면서 페트병이 찌그러지는 거야.

정신이가 알려 주는 **과학 상식**

온도가 낮으면 부피가 줄어드는 공기

물이 조금 남아 있는 페트병이 냉장고 안에서 찌그러진 채로 있는 것을 본 적이 있을 거야. 이건 왜 그런 걸까? 냉장고 안의 페트병이 찌그러지는 이유는 온도에 따라 기체의 부피가 변하기 때문이야. 페트병 안의 물이 없는 공간에는 기체인 공기가 들어 있어. 그런데 공기는 온도가 높아지면 부피가 늘어나고, 온도가 낮아지면 부피가 줄어드는 성질을 갖고 있어. 그래서 밖에 있던 페트병이 냉장고 안으로 들어가면 공기의 부피가 줄어들면서 페트병이 찌그러지는 거야. 이와 같은 온도에 따른 부피 변화는 액체나 고체에서도 일어나지만 기체에서 가장 변화가 크단다.

큰아빠는 오줌싸개!

오줌을 누면 왜 몸이 떨리는 걸까?

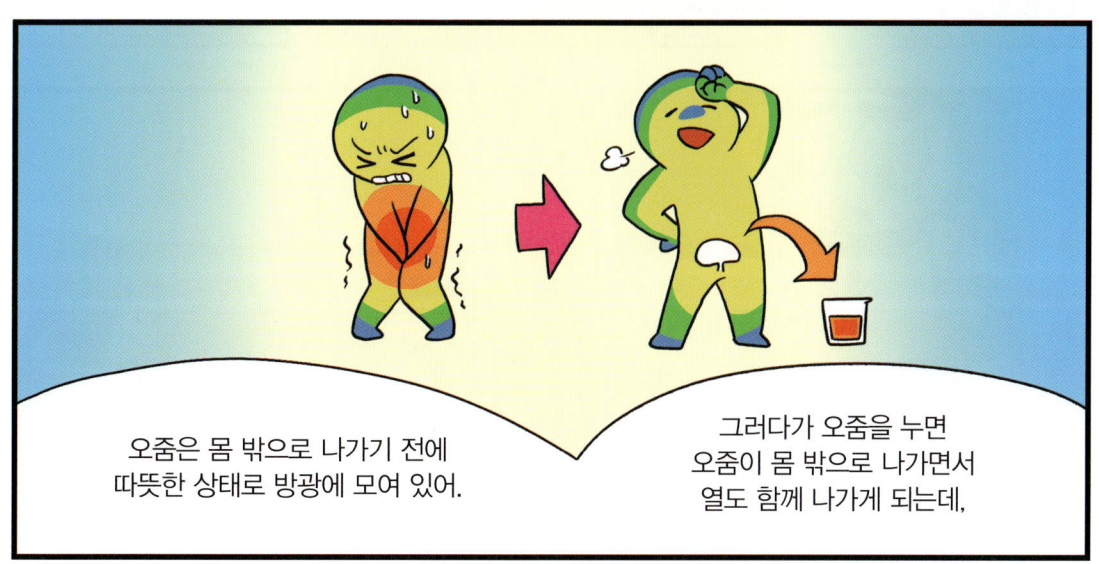

오줌 눌 때 몸을 떠는 것은 체온 유지를 위한 행동

오줌을 눌 때 몸이 부르르 떨리는 것을 경험해 본 적이 있을 거야. 오줌을 누면 왜 몸이 떨릴까? 그건 체온을 높이기 위해서야. 우리는 몸속의 수분을 땀과 오줌을 통해 몸 밖으로 내보내. 이것을 배설이라고 하지. 땀샘에서는 땀이, 콩팥에서는 오줌이 만들어져. 콩팥은 노폐물을 걸러서 오줌으로 내보내는 일을 하는데, 콩팥에서 만들어진 오줌은 방광에 모여 있다가 몸 밖으로 나가. 몸 밖으로 나가기 전 오줌은 따뜻한 상태로 방광 속에 모여 있어. 그러다가 오줌을 누면 몸 밖으로 나가며 열을 빼앗아 가기 때문에 아주 조금이지만 체온이 떨어지게 되는 거야. 그래서 체온을 높이기 위해 자기도 모르게 오줌을 누며 몸을 부르르 떠는 거야.

 # 집에 가고 싶어!

거미줄이 강철보다 강하다고?

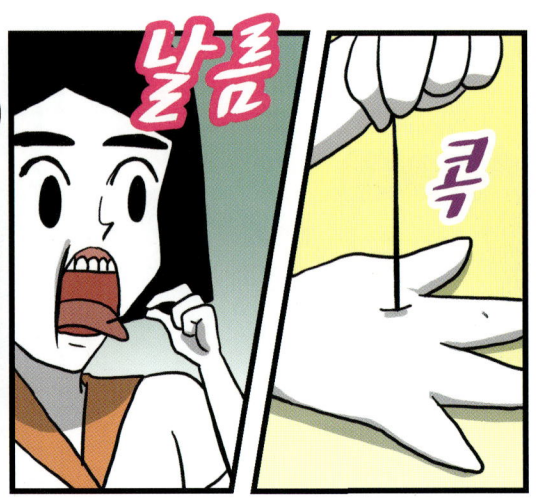

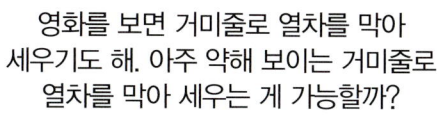

정신이가 알려 주는 **과학 상식**

강철보다 더 강한 거미줄

영화에서 스파이더맨이 거미줄로 열차를 세우는 장면을 보았을 거야. 금방 끊어질 것 같은 얇은 거미줄로 열차를 세우다니 거짓말 같지? 하지만 거짓말은 아니야. 거미줄은 강철보다 강하다고 해. 같은 굵기라면 강철보다 10배는 더 강하다는 거야. 그러니까 거미줄로 열차를 세우는 것이 아주 불가능한 것은 아니지. 이 때문에 과학자들은 거미줄을 이용해서 방탄조끼나 등산용 밧줄, 수술용 실 등을 만들려고 해. 하지만 거미에게서 많은 거미줄을 뽑아내기 어려워서 대량으로 거미줄을 뽑을 수 있는 방법을 연구하고 있어. 또 거미줄에 다른 금속을 섞어서 더 강한 인공 거미줄을 만들려는 연구도 하고 있지. 앞으로 진짜 스파이더맨의 거미줄을 볼 수 있을지도 몰라.

8 전망대의 거울 귀신

거울에 물체가 비춰 보이는 이유는?

형아, 여기 너무 낡았어! 무서우니까 돌아가자!

저걸 봐!

〈줄줄 전망대 폐관 안내〉
그동안 이용해 주셔서 정말 감사합니다.

오늘이 줄줄 전망대를 이용할 수 있는 마지막 기회야. 내일부터는 문을 닫는다는 말이지!

아, 그런 거야? 아쉽다!
전망대에서 내려다보면 정말 멋졌는데!

 정신이가 알려 주는 **과학 상식**

빛을 한 방향으로 가지런하게 반사하는 거울

거울에 물체가 비춰 보이는 이유는 거울이 빛을 한 방향으로 가지런하게 반사하기 때문이야. 빛은 직진하다가 물체를 만나면 반사하는 성질이 있어. 거울과 같이 표면이 매끄러운 물체는 빛을 한 방향으로 가지런하게 반사(정반사)하기 때문에 거울에 물체가 잘 비춰 보여. 하지만 종이와 같이 표면이 매끄럽지 않은 물체는 빛을 여러 방향으로 불규칙하게 반사(난반사)하기 때문에 물체가 비춰 보이지 않아. 평평한 거울인 평면거울에 비친 물체의 모습은 실제 물체와 모양과 크기, 색깔은 모두 같지만 좌우는 뒤바뀌어 보여. 그래서 내가 오른팔을 들면 거울 속의 나는 왼팔을 드는 것처럼 보이는 거란다.

볼록 거울과 오목 거울

평면거울에 비친 물체의 모습은 실제 물체와 모양과 크기, 색깔은 모두 같지만 좌우는 뒤바뀌어 보인다고 했어. 그런데 물체의 모양과 크기가 다르게 보이는 거울도 있어. 바로 볼록 거울과 오목 거울이야.

볼록 거울은 빛이 반사되는 면이 동그랗게 튀어나온 거울이야. 볼록 거울로 들어온 빛은 반사되어 바깥으로 퍼지기 때문에 볼록 거울에 비친 물체의 모습은 위치에 상관없이 실제보다 작게 보여. 그 대신 넓은 범위를 볼 수 있지. 이 때문에 구부러진 길 너머에서 오는 자동차를 보기 위해 도로 모퉁이에, 또는 가게 전체를 볼 수 있도록 가게 모퉁이에 볼록 거울을 설치하는 거야. 또 자동차 옆에 붙어 있는 사이드 미러도 뒤쪽을 넓게 볼 수 있도록 볼록 거울로 되어 있어. 사이드 미러를 보면 아래쪽에 '사물이 거울에 보이는 것보다 가까이 있음.'이라고 쓰여 있어. 이건 물체가 실제보다 작게 보여서 멀리 있다고 생각할 수 있기 때문에 주의하라는 뜻에서 있는 거야.

◀ 도난 방지를 위해 가게 모퉁이에 설치된 볼록 거울

▲ 교통안전을 위해 구부러진 도로에 설치된 볼록 거울

▲ 뒤쪽을 넓게 볼 수 있도록 볼록 거울로 된 사이드 미러

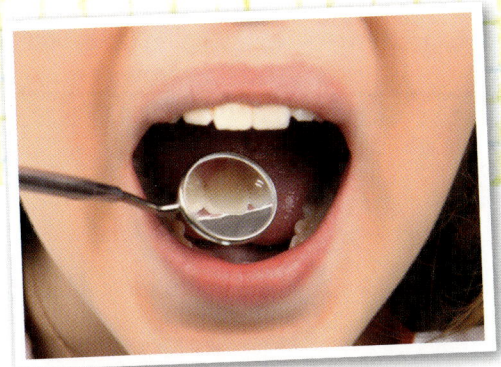
▲ 치아를 자세히 보기 위해 오목 거울이 사용된 치과용 거울

▲ 오목 거울이 사용되는 반사 망원경

▲ 오목 거울이 사용되는 손전등

▲ 오목 거울이 사용되는 등대

오목 거울은 비춰 보는 면이 오목하게 안으로 들어간 거울이야. 오목 거울은 들어온 빛이 반사되어 가운데로 모이기 때문에 볼록 거울과는 반대로 물체가 실제보다 크게 보여. 이 때문에 치과에서 치료할 때 치아를 자세히 보기 위해 오목 거울을 사용하지. 또 빛이 가운데로 모이는 성질을 이용해서 어두운 우주를 관측하는 반사 망원경이나 손전등, 등대 등에도 오목 거울을 사용해.

그런데 오목 거울은 물체가 있는 위치에 따라 물체가 다르게 비춰 보이는 특징이 있어. 물체가 거울 가까이 있을 때에는 똑바로 크게 보이지만, 물체가 거울에서 멀리 떨어져 있을 때에는 거꾸로 뒤집힌 채 작게 보인단다.

9 바다로 가자!

왜 여름철에는 자동차 타이어에 공기를 적게 넣을까?

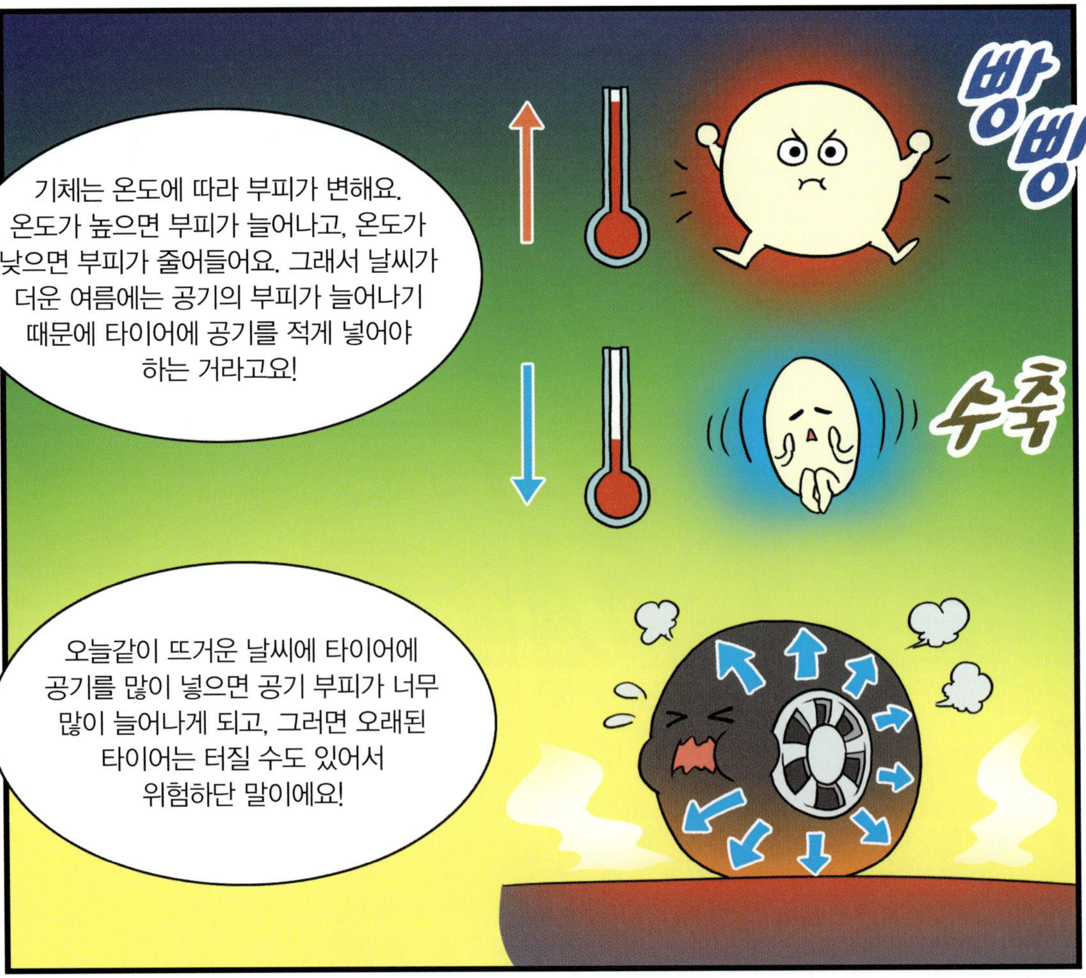

정신이가 알려 주는 **과학 상식**

온도에 따라 부피가 변하는 공기

우리가 타고 다니는 자동차의 타이어 안에는 공기가 들어 있어. 그런데 자동차 타이어의 공기 양은 일정해야 안전해. 너무 많아도 좋지 않고 너무 적어도 좋지 않아. 온도가 높으면 기체의 부피가 늘어나고 온도가 낮으면 기체의 부피가 줄어드는 것은 알고 있지? 이 때문에 온도가 높은 여름철에는 공기를 적게 넣고 온도가 낮은 겨울철에는 공기를 많이 넣는 거야. 자동차 타이어에 공기가 너무 많으면 충격을 흡수하지 못해서 차가 통통 튀게 되고, 공기가 너무 적으면 자동차 타이어가 찢어질 수 있어. 사실 공기가 많아도 타이어는 쉽게 터지지 않지만, 오래된 낡은 타이어는 터질 수도 있어 위험하단다.

10 나도 챔피언이 될 거야!

티라노사우루스와 트리케라톱스가 싸우면 누가 이길까?

전 세계의 모든 어린이 여러분!

월드 로봇 공룡 대전

여기는 월드 로봇 공룡 대전이 열리고 있는 줄줄 아레나 대경기장입니다!!

세계 챔피언 '골디X'와 도전자 '작가작가 나 작가'의 경기가 이제 곧 시작되겠습니다!!

와 아 아 아

힝, 꼭 경기장에 가서 보고 싶었는데…!

포기해라! 나도 입장권을 구할 수 없어서 할 수 없이 집에서 보고 있잖아!

세계 챔피언 골디X가 준비한 로봇은 포악하기로 유명한 '골드 티라노'!

도전자 작가작가 나 작가의 로봇은 무조건 돌격으로 유명한 '전자 펜 트리케라톱스'!

돌격 대장 트리케라톱스

트리케라톱스라는 이름은 '3개의 뿔이 달린 얼굴'이라는 뜻이야. 코 위에 짧은 뿔이 1개, 이마에 1m가 넘는 큰 뿔이 2개 달려 있어서 이를 무기로 사용했지. 이 뿔은 주로 육식 공룡의 공격을 막는 데 사용했지만, 암컷을 차지하기 위해 힘자랑할 때도 사용했어. 또한 목 주위에 프릴이라고 부르는 뾰족뾰족한 돌기가 있는데, 이것도 적으로부터 몸을 방어하기 위해 발달한 거야. 종종 뿔이 부러져 있는 트리케라톱스의 화석이 발견되기도 하는데, 이는 육식 공룡의 공격을 받았을 때 트리케라톱스가 무지막지하게 돌격했기 때문이야. 트리케라톱스는 초식 공룡으로 무리를 지어 생활하며 번식력이 좋아 공룡 시대의 마지막까지 살아남았단다.

정신이가 알려 주는 과학 상식

트리케라톱스를 잡아먹은 티라노사우루스

티라노사우루스의 크기는 12~15m, 트리케라톱스의 크기는 8~9m 정도니까 둘이 싸우면 덩치가 큰 티라노사우루스가 유리할 거야. 하지만 트리케라톱스는 무리 생활을 했기 때문에 티라노사우루스가 트리케라톱스를 사냥하기는 쉽지 않았어. 물론 무리에서 떨어진 경우라면 티라노사우루스가 트리케라톱스를 잡아먹을 수 있지. 티라노사우루스는 강력하고 날카로운 이빨로 트리케라톱스를 잡은 다음에 프릴을 몸통에서 뜯어내고 잡아먹었을 거라고 해. 실제로 티라노사우루스의 똥 화석에서 트리케라톱스의 갈비뼈가 나온 적이 있었어. 그러니까 티라노사우루스가 트리케라톱스를 잡아먹었다는 거야.

 # 로봇이나 고쳐 줘!

로봇이란 무엇일까?

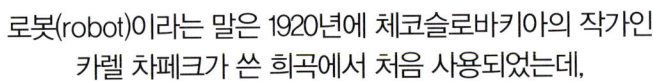

정신이가 알려 주는 **과학 상식**

스스로 움직이는 기계 장치, 로봇

텔레비전이나 만화에서 로봇을 많이 보았을 거야. 로봇이란 무엇일까? 로봇이란 사람을 대신해서 주변 상황에 반응하여 일을 하거나 사람이 시키는 대로 움직이는 기계 장치를 말하는 거야. 오늘날 로봇은 산업, 군사, 우주 탐사, 가사 노동 등 여러 분야에서 사용되고 있어. 로봇이란 말은 1920년 체코슬로바키아의 작가 카렐 차페크가 쓴 〈로봇(robot)〉이라는 희곡에서 처음 사용됐어. '일하다'라는 뜻을 가진 체코어 'robota(로보타)'에서 유래된 말이지. 초기 로봇은 사람의 동작을 단순하게 따라 하는 정도였지만 최근에는 주변 환경에 맞춰 스스로 알아서 판단하여 작동하는 수준의 인공 지능 로봇으로 발전하고 있어.

 ## 부품이 필요해!

로봇은 어떻게 움직이는 것일까?

음…, 공룡을 만들든 강아지를 만들든 먼저 제대로 움직이기라도 해야지. 얘는 로봇이라고 할 수도 없다고!

첫 번째! 우선 너는 눈과 코를 이용해서 네 앞에 냄새나는 구덩이가 있다는 것을 확인했어!

두 번째! 눈과 코를 통해 알게 된 정보를 가지고 네 뇌는 앞으로 어떻게 해야 할지 판단을 하지!

세 번째! 결정을 내린 뇌가 네 몸에게 뛰어넘으라고 명령을 내리고, 네 몸은 명령을 받아 냄새나는 구덩이를 뛰어넘는 거야!

감지하고 판단하여 움직이는 로봇

로봇은 아주 복잡한 기계 장치이지만 분명히 기계야. 그런데 어떻게 스스로 움직이는 것일까? 로봇도 사람처럼 상황을 감지하고 판단해서 움직여. 로봇은 크게 감지 장치와 제어 장치, 동작 장치로 구성되어 있어. 감지 장치는 눈이나 코처럼 사람의 감각 기관과 같은 역할을 하며 센서로 외부 자극을 받아들여. 제어 장치는 사람의 뇌와 같은 역할을 하며, 감지 장치에서 보내온 신호를 바탕으로 판단해서 로봇이 어떻게 움직여야 하는지를 결정하지. 동작 장치는 사람의 팔이나 다리와 비슷한 역할을 하는데 제어 장치에서 보내온 명령에 따라 움직이는 거야. 이런 과정을 거쳐서 로봇이 움직이게 되는 거란다.

제대로 좀 해 봐!

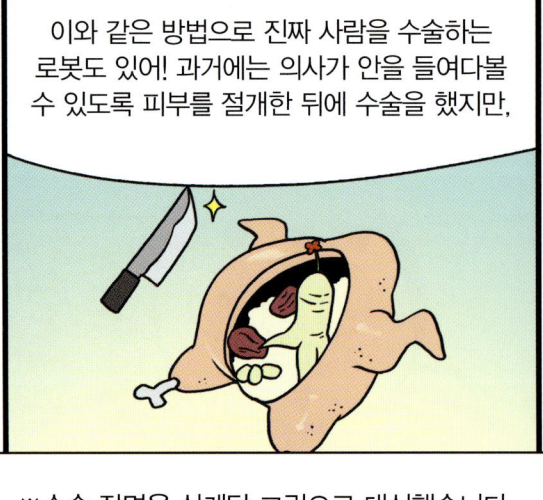

정신이가 알려 주는 **과학 상식**

수술 도구를 직접 사용하는 수술용 로봇

병원에서 수술을 할 때 로봇이 한다면 믿을 수 있겠니? 하지만 사실이야. 과거에는 의사가 내부를 들여다볼 수 있도록 피부를 절개한 뒤 수술을 했지만, 로봇 기술이 발전하면서 수술 부위를 최소한으로 하여 수술할 수 있게 되었어. 로봇을 사용하는 수술에서 수술 도구를 직접 사용하는 것은 사람이 아닌 수술용 로봇의 팔이야. 로봇의 팔에 장착된 카메라가 환자의 몸속 영상을 보여 주면, 의사가 영상을 보며 로봇 팔을 조종해 수술을 진행하는 거지. 로봇이 보여 주는 영상은 크게 확대되어 섬세한 수술을 할 수 있어. 또 로봇의 팔은 사람의 손보다 가늘고 360도로 회전할 수 있기 때문에, 의사의 손이 닿지 않는 미세한 부위까지 수술할 수 있단다.

여러 가지 로봇

'만일 기계가 사람 대신 청소도 하고 아기도 봐 주고 그러면 얼마나 편리할까?'
로봇은 이런 상상력에서 출발했어. 로봇이란 말이 생긴 것은 얼마 되지 않았지만 그런 생각은 아주 오래전부터 있었어. 그래서 사람들은 여러 가지 기계 장치들을 생각해 내고 결국에는 로봇을 만들어 낸 거야.

로봇은 크게 산업용 로봇과 지능형 로봇으로 나눌 수 있어. 산업용 로봇은 인간의 노동력을 대체하는 로봇이야. 꼭 사람처럼 생기지 않아도 사람의 일만 대신 처리해 주면 되지. 산업용 로봇은 쓰이는 곳에 따라 공업용, 의료용, 가정용, 군사용 등이 있어. 산업용 로봇은 대체로 사람의 팔처럼 생긴 로봇 팔을 갖고 있어. 손에 해당하는 부분에 기계 장치를 설치해서 여러 가지 작업을 하도록 한 거야. 무거운 물건을 들어 올리거나 용접과 같은 일을 하는 공업용 로봇과 정밀한 수술을 하는 의료용 로봇이 대표적이지.

◀ 자동차 공장에서 자동차 조립 작업을 하고 있는 공업용 로봇

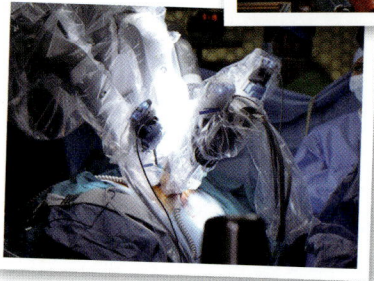

◀ 병원에서 환자를 수술하고 있는 의료용 로봇

위험한 폭발물을 처리하고 ▶ 있는 군사용 로봇

▲ 화성에서 탐사 작업을 하고 있는 탐사용 로봇

▲ 잔디를 깎고 있는 가정용 로봇

◀ 가장 먼저 개발된 지능형 로봇인 아시모

우리나라에서 개발한 ▶ 지능형 로봇인 휴보

또 전쟁에 사용되는 군사용 로봇은 정찰을 하거나 폭발물을 처리하는 등의 위험한 일을 해. 이 밖에도 깊은 바닷속을 탐사하는 로봇, 달이나 화성 같은 우주를 탐사하는 로봇, 일상적인 가정생활에 도움을 주는 가정용 로봇 등 다양한 산업용 로봇이 있어.

지능형 로봇은 사람처럼 생기고 사람처럼 행동하는 로봇을 말해. 휴머노이드 로봇이라고도 하지. 가장 먼저 개발된 지능형 로봇인 일본의 아시모는 시속 6km로 달릴 수 있고 장애물을 피해서 갈 수도 있다고 해. 우리나라에서 개발한 휴보는 아시모보다 속도는 느리지만 더 가볍고 손의 동작이 자유롭다는 장점을 갖고 있어. 이처럼 로봇은 점점 사람과 비슷해지고 있어. 앞으로 로봇은 어느 정도까지 발전하게 될까?

 ## 정구의 로봇 공룡

하드웨어란 무엇일까?

사람의 몸에 해당하는 하드웨어

컴퓨터를 공부하면서 하드웨어(hardware)란 말을 많이 들어 보았을 거야. 그런데 하드웨어란 무엇일까? 하드웨어란 '단단하다'란 뜻의 영어 'hard'가 들어 있는 것에서 알 수 있듯이 눈으로 볼 수 있고 손으로 만질 수 있는 단단한 컴퓨터 기계 장치들을 말하는 거야. 사람으로 치자면 몸에 해당한다고 할 수 있지. 컴퓨터 모니터나 본체, 키보드, 마우스 등을 하드웨어라고 해. 하드웨어는 명령을 실행하는 중앙 처리 장치, 읽어 들인 정보를 저장하는 기억 장치, 키보드나 마우스처럼 정보를 읽어 들이는 입력 장치, 모니터나 프린터처럼 처리된 정보를 보여 주는 출력 장치로 구성된단다.

 # 데이노니쿠스, 잠에서 깨어나라!

소프트웨어란 무엇일까?

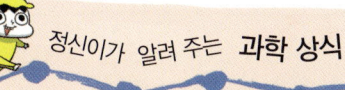
정신이가 알려 주는 **과학 상식**

하드웨어를 움직이게 하는 소프트웨어

하드웨어라는 말과 함께 소프트웨어(software)라는 말도 들어 보았을 거야. 소프트웨어란 하드웨어를 움직이게 하는 프로그램을 말하지. 하드웨어가 우리 몸이라고 하면 소프트웨어는 생각이라고 할 수 있어. 딱딱한 기계에 영혼을 불어넣는 역할과 같은 거라고 할 수 있지. 소프트웨어는 시스템 소프트웨어와 응용 소프트웨어로 나눌 수 있어. 시스템 소프트웨어는 '윈도'와 같이 컴퓨터를 사용하기 위해 기본적으로 필요한 운영 체제를 가리키고, 응용 소프트웨어는 '한글'이나 '곰플레이어'처럼 음악이나 게임, 문서 작성 등 특정한 기능을 수행하는 프로그램을 가리켜. 응용 소프트웨어는 응용 프로그램이라고도 해.

맛집 좀 찾아 줘!

코딩이란 무엇일까?

정신이가 알려 주는 과학 상식

코딩은 컴퓨터와 대화하는 방법

2019년부터 초등학교에서 코딩을 배우게 됐어. 그런데 코딩이란 무엇일까? 코딩이란 컴퓨터가 어떤 일을 실행하도록 하기 위해 프로그램을 만드는 일을 말하는 거야. 프로그래밍이라고도 하지. 컴퓨터는 우리가 하는 말을 알아듣지 못해. 컴퓨터에게 일을 시키기 위해서는 컴퓨터가 알아들을 수 있는 말로 명령을 해야 해. 이것이 바로 코딩이야. 프로그래밍 언어로 컴퓨터가 어떤 일을 하도록 프로그램을 만들고, 이를 다시 컴퓨터가 알아들을 수 있는 언어로 바꾸어 주어야 컴퓨터는 명령을 이해하고 일을 할 수 있는 거야. 그러니까 코딩은 컴퓨터와 대화하기 위한 방법이라고 할 수 있단다.

17 내 로봇 공룡 무시하지 마!

컴퓨터는 어떤 언어를 사용할까?

정신이가 알려 주는 과학 상식

컴퓨터가 사용하는 언어, 기계어

컴퓨터는 우리가 하는 말을 알아듣지 못하기 때문에, 일을 시키려면 컴퓨터가 알아들을 수 있는 말로 명령을 해야 해. 그럼 컴퓨터는 어떤 언어를 사용할까? 컴퓨터는 0과 1로 이루어진 기계어라는 언어를 사용해. 컴퓨터는 0과 1이라는 2가지 신호만 구분할 수 있어. 회로에 전기가 통하면 1, 통하지 않으면 0으로 인식하는 거야. 이 때문에 기계어는 이진법에 따라 0과 1로만 이루어져 있어. 예를 들어 영어 H는 코드표에 따라서 72가 되고 72는 이진법으로 표시하면 1001000이 되는 거야. 그러니까 컴퓨터는 영어 H라고 쓰면 알아듣지 못하지만 1001000이라고 쓰면 H라고 알아듣는 거란다.

 # 데이노니쿠스, 위기를 돌파하라!

이진법이란 무엇일까?

십진법	0	1	2	3	4	5	6	7	8	9	10
이진법	0	1	10	11	100	101	110	111	1000	1001	1010

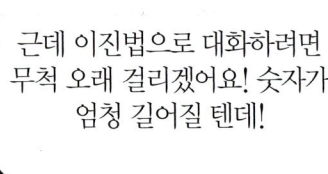

후후후! 경기장 밖으로 던져 버리면 재미가 없으니,

대신 다시는 싸울 수 없도록 밟아서 산산조각을 내 주마!

아, 안 돼!!

흐음~, 잘 잤다!

절대 안정!

형아! 큰일이야, 큰일! 데이노니쿠스가 밟히게 생겼어!

으헉! 잠이나 좀 깨고!

정신이가 알려 주는 과학 상식

0과 1이라는 2개의 숫자만 사용하는 이진법

컴퓨터가 사용하는 언어인 기계어는 이진법에 따라 0과 1이라는 2개의 숫자로만 이루어져 있다고 했어. 그럼 이진법이란 무엇일까? 우리는 보통 일상생활에서 십진법을 사용해. 십진법이란 0에서부터 9까지 10개의 숫자를 사용하고, 자리가 하나씩 올라가면 자리의 값이 10배씩 커지는 숫자 표현 방식이야. 그러니까 127은 1×100+2×10+7×1을 나타내는 거야. 반면에 이진법은 0과 1이라는 2개의 숫자를 사용하고, 자리가 하나씩 올라가면 자리의 값이 2배씩 커지는 숫자 표현 방식이야. 이진법으로 나타낸 이진수 1101은 1×8+1×4+0×2+1×1을 뜻해. 이 숫자를 십진법으로 나타내면 13이 되는 거란다.

복병 코엘로피시스의 등장

같은 공룡을 잡아먹는 공룡도 있다고?

크오크오 브라키오사우루스가 장외로 나가 실격이 되면서

정구 선수의 데이노니쿠스가 승리를 거두었습니다!!

데이노니쿠스의 놀라운 기동력, 대단했습니다!

그럼 경기장이 정리되는 대로 다음 출전 선수들의 경기를 시작하겠습니다!

그에 비해 랩터 레드의 피해는 너무나도 심각한 상황입니다!

필살기인 핏빛 소용돌이의 위력을 자신이 고스란히 받아 버렸습니다!

이럴 수가! 핏빛 소용돌이가 들이닥치는 그 짧은 순간에…

주인의 명령도 없이 스스로의 판단으로 랩터 레드의 약점을 찾아냈다고?

크윽…!!

김최면 선수! 경기 포기를 표시하는 수건을 던집니다!

펄럭

승자는 전천재 선수의 옐로멜로 코엘로피시스!!

정신이가 알려 주는 **과학 상식**

동족도 잡아먹은 코엘로피시스

같은 종류의 공룡끼리도 서로 잡아먹었을까? 다 그런 것은 아니지만 그런 공룡도 있었어. 바로 코엘로피시스라는 공룡이야. 크기 2.5~3m 정도의 코엘로피시스는 매우 사나운 공룡으로 다른 공룡이나 작은 도마뱀, 포유류 등을 잡아먹었어. 머리가 길고 턱이 좁았으며, 이빨이 날카롭고 먹이를 쉽게 잡을 수 있도록 앞발에는 뾰족한 발톱이 있었어. 이들은 무리를 지어 사냥하며 살았지. 미국 뉴멕시코주에서 이 공룡의 화석이 무더기로 발견되었는데, 배 속에서 새끼 코엘로피시스의 뼈가 들어 있는 화석이 나왔대. 자기 새끼를 잡아먹은 것인지 아닌지는 알 수 없지만 어쨌든 동족을 잡아먹었다는 것만은 확실하다고 해.

여러 가지 독특한 공룡들

정구와 정신이는 로봇 공룡 대전에 출전할 로봇 공룡으로 데이노니쿠스를 만들었어. 파키케팔로사우루스나 에드몬토니아로 할까 고민도 했었지. 이 공룡들은 어떤 공룡들인지 알아볼까?

먼저 크기가 2.5~4m 정도인 데이노니쿠스는 머리가 상당히 좋았다고 해. '날카로운 발톱'이란 뜻의 이름을 가진 데이노니쿠스는 떼를 지어 다니며 자기보다 몸집이 큰 사냥감을 빠른 속도로 뒤쫓아 공격했어. 박치기가 특기인 파키케팔로사우루스는 몸길이 4~5m의 초식 공룡으로 머리뼈가 두꺼운 것으로 유명했지. 그래서 이름도 '두꺼운 머리를 가진 도마뱀'이란 뜻이야. 갑옷 공룡 에드몬토니아는 몸길이 6~7m에 높이는 2m 정도로 거대한 탱크와 비슷하게 생겼어. 목덜미 부분에 큰 가시 모양의 돌기가 한 쌍 있고, 주위에도 작은 가시 돌기가 있었어. 특히 등에서 꼬리 끝까지 날카로운 골침이 많이 나 있었단다.

▲ 머리가 좋았던 데이노니쿠스

◀ 박치기 왕 파키케팔로사우루스

▲ 갑옷 공룡 에드몬토니아

▲ 덩치가 거대했던 브라키오사우루스

▲ '날쌘 도둑'이라는 뜻의 이름을 가진 벨로키랍토르

▲ 가냘프게 보이지만 날쌨던 코엘로피시스

이번에는 로봇 공룡 대전에 출전한 여러 로봇 공룡들을 살펴볼까?
브라키오사우루스는 가장 무거운 초식 공룡 중의 하나로, 성격은 온순하고 큰 몸집을 유지하기 위해 하루에 2톤 가까운 나뭇잎을 먹었어. 뒷다리로 일어서면 키가 거의 20m 가까이 되었기 때문에 육식 공룡도 쉽게 공격하지 못했어. 흔히 랩터라고 불리는 벨로키랍토르는 몸의 생김새로 보아 재빠른 몸놀림에 머리도 좋은 공룡이었을 거야. 머리는 길쭉하고 입은 납작하며 이빨은 날카로웠어. 이들은 튼튼한 꼬리와 뒷다리를 이용해 높이 뛰어올라 날카로운 발톱으로 사냥감을 공격했어. 크기가 2.5~3m 정도인 코엘로피시스는 매우 사나운 공룡이야. 자기와 같은 동족을 잡아먹은 것으로 유명하지. 이들은 무리를 지어 사냥하며 살았는데, 날씬한 몸매와 길고 튼튼한 뒷다리 등을 보면 사냥할 때 굉장한 속도로 움직였을 거야.